BIBLIOTHÈQUE

DE

L'Art Ancien et Moderne

J.-B.-SIMÉON CHARDIN

J.-B.-SIMÉON CHARDIN

BIBLIOTHÈQUE DE L'ART ANCIEN ET MODERNE

J.-B.-SIMÉON CHARDIN

PAR

L. DE FOURCAUD

PROFESSEUR D'ESTHÉTIQUE ET D'HISTOIRE DE L'ART
A L'ÉCOLE DES BEAUX-ARTS

PARIS
SOCIÉTÉ D'ÉDITIONS LITTÉRAIRES ET ARTISTIQUES
LIBRAIRIE PAUL OLLENDORFF
50, Chaussée d'Antin, 50

M D CCCC

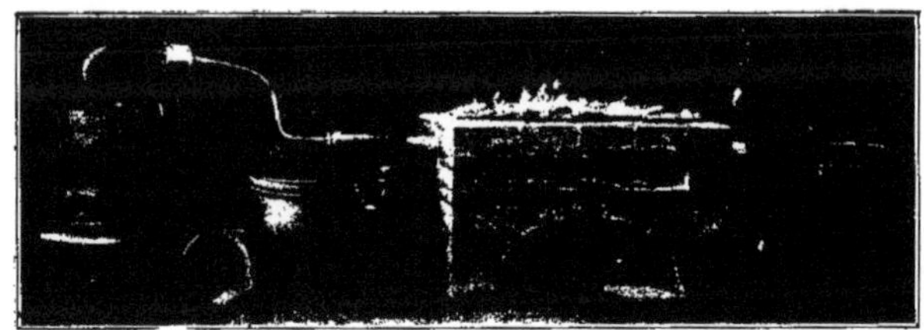

JEAN-BAPTISTE-SIMÉON CHARDIN[1]

QUICONQUE voudra descendre au fond des mœurs du XVIIIe siècle, afin d'en étudier les expressions esthétiques, devra nécessairement rapprocher ces trois faits : l'avènement de la bourgeoisie moderne, le grand développement de l'esprit égalitaire et le triomphe du sentimentalisme. Le fait politique de l'avènement de la bourgeoisie date des ordonnances de Colbert. Ce ministre, de souche bourgeoise, aux prises avec les embarras du Trésor et les exigences des grands seigneurs, a compris le parti qu'on peut tirer de la classe moyenne, intelligente, ambitieuse et riche, pour se procurer des ressources dans le présent et, dans l'avenir, pour tenir en respect la noblesse. Quelles mesures prend-il aussitôt? Il vend des charges qui anoblissent et il poursuit, d'autre part, la revision des anciens titres. Les hauts gentilshommes, attirés à Versailles, viennent s'y ruiner avec un merveilleux éclat ; mais rien n'abaisse une vieille aristocratie comme la mise

[1] Afin d'éviter de surcharger le bas des pages de notes et de références générales, j'indiquerai d'un mot que j'ai fait grand usage de l'*Essai sur la vie de Chardin* rédigé par Charles-Nicolas Cochin, en 1780, pour Haillet de Couronne, secrétaire de l'Académie de Rouen, et tiré des Archives de cette Académie, en 1875, par M. Ch. de Beaurepaire. J'ai eu également recours à l'*Abecedario* de Mariette, aux Salons de Diderot, aux brochures du temps, à l'étude des frères de Goncourt, etc., etc. On ne trouvera donc ici que les indications de documents inédits, conservés aux Archives nationales, ou d'un intérêt particulier pour le présent travail.

à prix régulière de la qualité de noble. La « savonnette à vilain » anoblit un homme; elle ne l'ennoblit pas. Bourgeois on est, bourgeois on demeure, en dépit des parchemins tout neufs, dûment enregistrés et dont on a quittance. Qu'un nombre considérable de roturiers recoure à cet expédient pour se « décrasser », le corps nobiliaire est « encrassé » d'autant. Laissez courir les années : le premier ordre de la nation s'amoindrit et se transforme. Au XVIIIe siècle, la finance l'envahit. C'est comme un édifice reconstruit par l'intérieur, avec des matériaux légers et disparates et qui n'a plus pour lui que ses dehors.

Notons que l'humeur frondeuse du Gaulois ne s'est point étouffée sous l'influence du goût de l'antique : elle a simplement pris une forme nouvelle, classique, philosophique, dissertante. L'éducation gréco-romaine, qui a prévalu chez nous depuis la Renaissance, produit, simultanément, des effets opposés. Ainsi, pendant que la monarchie française s'entoure de l'appareil théocratique de l'Empire romain, les théoriciens indépendants remontent plus haut dans l'histoire et l'on voit se réveiller, peu à peu, le principe républicain aristocratique de l'antiquité. En plein règne de Louis XIII, Paul de Gondi a évoqué l'idéal des Républiques, tout comme, à son heure, fera le président de Montesquieu. Vienne la Révolution : elle n'aura pas de plus grand souci que de rattacher ses actes aux traditions de Rome et de la Grèce, en même temps que, forte des théories générales des philosophes, elle substituera au Roi absolu l'État omnipotent. Les changements se seront accomplis par voie d'évolution lente, mais irrésistible.

D'un autre côté, le sentimentalisme, dès longtemps importé de l'Italie et de l'Espagne, et qui a engendré, en France, le galimatias du Tendre, le pathos des Précieux et des Précieuses, la galanterie des Bergerades, et tant de fadaises diverses, incline l'esprit public aux attendrissements et tourne, à la longue, par philanthropie abstraite, au progrès de la démocratie. C'est une œuvre sentimentale au premier chef que le « Contrat social » de Jean-Jacques Rousseau. Dès lors la question de l'égalité se pose ouvertement; on discute les origines, on prélude aux revendications violentes par l'analyse raisonnée des conditions humaines, d'où se dégagent parfois, même en dehors de la philosophie, de frappantes affirmations. « On aura plaisir à voir ce qu'est l'humanité dans un cocher et dans une marchande, » s'écrie Marivaux, à propos de son roman de *Marianne*, si naïvement hardi. La Chaussée, non moins net, demande qu'on ne se contente plus, au théâtre, des personnages consacrés de la Tragédie et de la Comédie et réclame le droit de mettre à la scène « d'autres infortunes que celles des grands et d'autres types que ce qu'on appelle génériquement *des caractères* ». « La vie moyenne et bourgeoise, ajoute le même écrivain, est aussi intéressante que la vie des grands. » Socialement, l'esprit démocratique se constitue, s'atteste, s'affermit et s'éprouve en vue de la suppression des privilèges. Esthétiquement, il naît des besoins nouveaux. Disons mieux : le tiers état prend graduellement conscience de lui-même. Une séculaire évolution aboutit là.

PORTRAIT DE CHARDIN A L'ABAT-JOUR VERT

Il était donc fatal que les différentes nuances de l'idée bourgeoise et de la vie des bourgeois, sous Louis XV et Louis XVI, eussent leur expression dans la peinture. Ainsi en fut-il. Une école de peintres bourgeois sortit de terre, que dominèrent deux maîtres fameux : Jean-Baptiste-Siméon Chardin et Jean Greuze. Tendances et talent, ces artistes en qui certains caractères essentiels de leur époque se reflétaient, ne se ressemblaient point. L'un était le franc bourgeois, fruste, sensé, loyal, cordial, peignant avec simplicité l'humble existence : l'autre un philosophe inquiet de moraliser à propos de tout, jusque dans la volupté même, et s'évertuant à tirer des leçons larmoyantes du spectacle arrangé par lui des petites mœurs. Tous les deux ont marqué leur rang et rempli leur tâche ; mais combien supérieur apparaît Chardin !

I

L'HOMME

Je veux dire ici la vie calme et droite, pleine d'œuvres et d'honneur de ce peintre du foyer, en cette année qui ramène pour la seconde fois le centenaire de sa naissance. Le 2 novembre 1699, le maître menuisier Jean Chardin, logeant, à Paris, rue princesse et attaché aux menus-plaisirs du roi pour la construction des billards, se voit naître un fils fort bien en point et décidé à vivre. Et de courir, tout joyeux, chez son camarade Siméon Simonet, menuisier comme lui, qui accepte d'être parrain ! Et d'aller chercher Anne Le Riche, la femme d'un autre menuisier de ses amis, qui doit être marraine. Le baptême a lieu le lendemain matin, à Saint-Sulpice, paroisse de tous ces braves gens. L'enfant se nommera Jean, comme son père, et Siméon, comme Simonet. Aussi longtemps qu'il vivra, il sera fidèle à ce milieu d'artisans, de petits bourgeois modestes et laborieux où il est venu au monde. Je ne pense pas que ses primes années aient été entourées de soins spéciaux. Cochin nous apprend positivement que son père le destinait à « suivre sa profession », mais que le garçon y a répugné, « sentant en lui un courage qui le pousse vers

Marguerite Pouget-Chardin

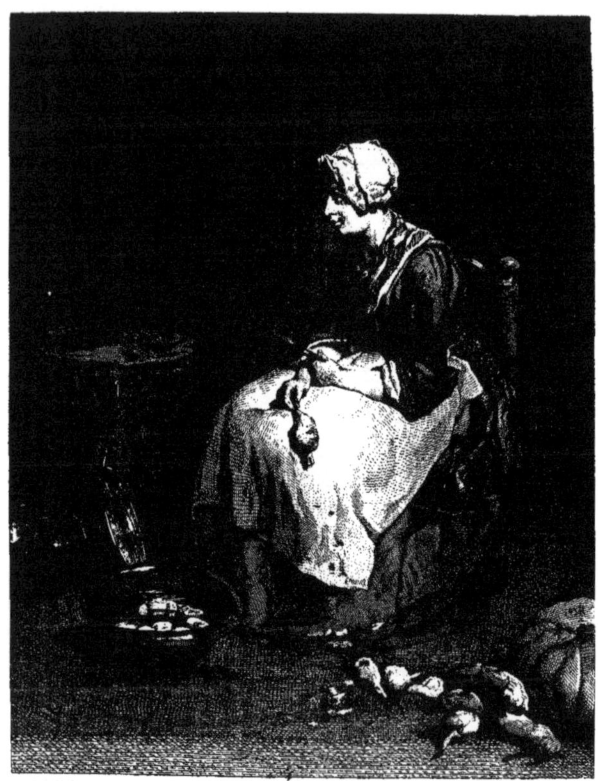

J.-B.-S. Chardin *pinx.*

LA RATISSEUSE DE NAVETS (galerie Lichtenstein, à Vienne).

des talents plus élevés ». A peine a-t-il reçu quelques notions de dessin ornemental qu'il ne se tient plus de reproduire toute chose. En conséquence, Jean-Siméon est confié à Jacques Cazes, ancien élève de Bon Boullongne et peintre d'histoire au talent facile et convenu, duquel on trouverait, en cherchant bien, sur un des murs du Louvre, une *Résurrection de Tabitha* de style

LA RAIE OUVERTE (musée du Louvre).

maniéré. Cazes, très pauvre clerc, en dépit d'une façon de vogue, emploie ses élèves, le jour, à copier ses tableaux, faits de pratique, et les envoie, le soir, dessiner d'après le modèle à l'Académie. On a retenu sa réponse au financier Crozat qui le plaignait d'avoir obtenu le grand prix de peinture une année de désastre où le Roi a dû faire l'économie de la pension du lauréat à Rome : « Je n'ai pas vu l'Italie ; j'ai prouvé, comme Lesueur, Jouvenet, Rigaud et Largillière, qu'on peut s'en passer. » Malheureusement, c'est peut-être aussi de sa bouche que Chardin a recueilli cette maxime dont Cochin le montre pénétré à ses débuts : « Un peintre doit tout tirer de sa tête ; on n'a besoin de la nature que lorsqu'on manque de génie. » Mais le jeune homme s'y est-il vraiment soumis au point que Cochin l'affirme ? Tout permet d'en douter.

Certain jour, sur ces entrefaites, Noël-Nicolas Coypel l'appelle dans son atelier pour peindre un accessoire de portrait, le fusil d'un chasseur, et lui adresse cette recommandation unique : « Peins exactement ce que tu vois ». Ce hasard et ce mot lui auraient subitement éclairé sa route. Du coup, il serait devenu un peintre de nature morte. On est en droit de croire qu'il n'a pas attendu jusque-là pour s'exercer en ce genre si bien fait pour lui et que Coypel ne l'a point choisi pour collaborateur sans avoir vu de ses essais. N'a-t-il pu aborder d'instinct des études comme ce *Lapin mort* dont l'exécution l'a induit, au dire de Cochin, en réflexions si curieuses : « Voilà un objet, a-t-il pensé, qu'il est question de rendre. Pour n'être occupé que de le rendre vrai, il faut que j'oublie tout ce que j'ai vu et même la manière dont ces objets ont été traités par d'autres. Il faut que je le pose à une distance telle que je n'en voie plus les détails. Je dois m'occuper, surtout, d'en bien imiter, et avec la plus grande vérité, les masses générales, les tons de la couleur, la rondeur, les effets de la lumière et des ombres ». Ces déductions sont de celles qu'un artiste franchement doué dégage aisément des faits par la grâce de son tempérament. L'historiette du fusil n'a donc, en elle-même, aucune importance. Je remarque, d'ailleurs, que la chronique, jalouse de tout expliquer anecdotiquement, ne s'en est pas tenue là. Une anecdote qui a trouvé place dans l'*Abecedario* de Mariette tendrait à insinuer que jamais Chardin n'aurait peint de tableaux à figures sans un défi du portraitiste Aved. Jean-Siméon, en train de critiquer un des portraits de son camarade, aurait eu de sa mauvaise humeur cette ironique repartie : « Tu t'imagines que cela est aussi facile à peindre que des cervelas et des langues fourrées. » Dès le lendemain, le peintre de nature morte se serait institué peintre de mœurs, en peignant, pour son début, le tableau « d'une servante qui tire de l'eau à une fontaine ». Rien de moins sérieux.

L'éducation artistique de Chardin paraît avoir été, somme toute, assez régulière. Il est licite de lui appliquer, point par point, ce qu'il nous fait connaître de l'apprentissage des peintres de son temps dans la célèbre tirade transcrite par Diderot et si souvent citée : « On nous met à l'âge de sept ou huit ans le porte-crayon à la main. Nous commençons à dessiner d'après l'exemple, des yeux, des bouches, des nez, des oreilles, ensuite des pieds et des mains. Nous avons eu longtemps le dos courbé sur le portefeuille lorsqu'on nous place devant l'*Hercule* et le *Torse* et vous n'avez pas été témoin des larmes que ce *Satyre*, ce *Gladiateur*, cette *Vénus de Médicis*, cet *Antée* ont fait couler... Après avoir séché des journées et passé des nuits à la lampe devant la nature immobile et inanimée, on nous présente la nature vivante et, tout à coup, le travail de toutes les années précédentes semble se réduire à rien. On ne fut pas plus emprunté la première fois qu'on prit le crayon. Il faut apprendre à l'œil à regarder la nature... » Telle a été, de pleine évidence, la marche suivie par Chardin. Il n'a pas fait des natures mortes à l'instigation de Coypel, ni des scènes domestiques pour égaler Aved (lequel, du reste, n'en fit jamais). Ses œuvres sont issues, d'une part, de son absolu besoin de serrer de près les formes et les matières; de l'autre, de sa vocation d'exprimer la vie.

Veut-on une preuve éclatante de son indépendance ? Tout jeune il a eu d'un chirurgien ami de son père la commande d'un plafond pour sa boutique, ou d'une enseigne, comme on dit aujourd'hui. Le fils d'Esculape désirait, formellement, un étalage d'instruments de sa profession, bistouris à trancher les chairs, trépans à forer les crânes, petites scies à scier les os. Il convient de remarquer que, dans une autre circonstance, le maître a cru devoir satisfaire à un désir analogue émané d'un apothicaire : témoin les deux grandes et curieuses natures mortes de la collection Victor Klotz, où s'entassent un fourneau, des cornues et des instruments de laboratoire. Mais, à cette heure, s'inspirant à sa façon de l'exemple de Watteau dans son *plafond de boutique* pour Gersaint, il s'est donné le plaisir d'enlever de verve une scène de la rue, large de quatorze pieds, haute de deux pieds trois pouces. Un homme vient d'être blessé en duel ; on le porte chez un chirurgien-barbier qui s'empresse à le secourir. Il existait à l'hôtel de ville de Paris, avant l'incendie de 1871, une petite esquisse de cette grande composition disparue depuis plus d'un siècle. Jules de Goncourt en a gravé un vif croquis à l'eau-forte, pendant que son frère en jetait sur le papier la description suivante : « C'est une foule, un bruit, un émoi. Le porteur d'eau est là, ses seaux à terre. Des chiens aboient. Un traîneur de *vinaigrette* accourt ; par la portière, une femme — celle, peut-être, pour laquelle on a dégainé — se penche effarée. Les fonds sont pleins d'un bourdonnement de badauds, d'une presse de curieux qui se poussent, cherchent à voir, à se dépasser de la tête. Le garde croise paternellement le fusil contre les indiscrétions de la curiosité. Le blessé, nu jusqu'à la ceinture, avec son coup d'épée dans le flanc, soutenu par une sœur de charité, est soigné par le chirurgien et son aide. Le commissaire, en grande perruque, marche avec la lenteur grave de la justice, suivi d'un clerc tout noir et tout maigre. Tout cela va, vient dans une peinture heurtée, de premier coup, dans un tapage de geste et de tons, dans le tumulte même et le hourvari de la scène réelle. » Ce « plafond » mis en place, un dimanche matin, excite une telle surprise, obtient de tels suffrages que le propriétaire, d'abord mécontent, se résigne à s'en accommoder. L'auteur, en tout cas, n'a pris conseil que de soi-même. En se laissant aller à son instinct de Français, il a mérité l'applaudissement de la multitude française. Mieux encore, sans y avoir prétendu, il a fait lever la tête aux artistes, et il songe si peu à tirer parti de sa réussite que, rentré chez lui, il dirige ses recherches dans un sens non moins français, mais différent. Peintre des intimités familières, l'enseigne du chirurgien sera son seul tableau de mouvement. Pour tous les compliments et tout l'or du monde, il ne se dérangerait de ce qu'il a résolu de faire.

Nous savons un trait de sa jeunesse où se fait juger sa mâle et simple dignité. Ses parents, désireux de le marier, lui ont ménagé, dans une réunion amicale, la rencontre d'une douce jeune fille de sa condition, Marguerite Saintard, dont le père est marchand et passablement aisé. Le mariage se décide, sous la réserve qu'on laissera au fiancé le temps d'acquérir une position sortable. Jean-Siméon a plus de sagesse que de passion ; il est sensible et même tendre, point du tout romanesque ; mais la jeune fille s'attache à lui avec l'ardent abandon d'une poitrinaire.

On la croyait chétive ; on s'aperçoit qu'elle est perdue. Pour comble de malheur, son père et sa mère viennent à mourir, totalement ruinés. En ces conjonctures, tous conseillent à Chardin de redemander sa parole. Lui, tout au contraire, épouse au plus tôt la pauvre Marguerite. La bénédiction nuptiale leur est donnée à Saint-Sulpice, le 1er janvier 1731. Quatre années durant, au milieu des difficultés d'une existence étroite, il la dispute à la mort, en de naïves illusions d'espoir. Enfin, le 14 avril 1735, elle lui échappe. Elle n'avait que vingt-six ans et lui laissait un fils, Pierre-Jean Chardin, voué lui-même à mourir jeune...

Dix ans plus tard, le grand peintre, en possession de la renommée, fera la connaissance d'une femme de trente-sept ans, d'esprit sérieux, de nature excellente, possédant beaucoup de vertu et un peu de bien : Françoise-Marguerite Pouget, veuve en premières noces du Normand Charles de Malnoë. Devenu son époux, il l'installera dans son logis de la rue princesse, rouvert par elle au bonheur. C'est elle qu'il a représentée, sur le soir de son âge, en un de ses incomparables pastels du Louvre, nette, fine, raisonnable, bonne vieille ridée, jaunie comme ivoire, enveloppée d'une grande coiffe. Lui-même, en même temps qu'il la figurait de la sorte, s'est pareillement crayonné en serre-tête, les besicles sur le nez, l'abat-jour vert au front, la peau rude sous les reflets bleus de la barbe qui pousse, respirant l'indulgente bonhomie et la santé morale. Sa vie entière, que nous allons voir rayonner en ses œuvres, s'est concentrée en ce portrait saisissant, accentué

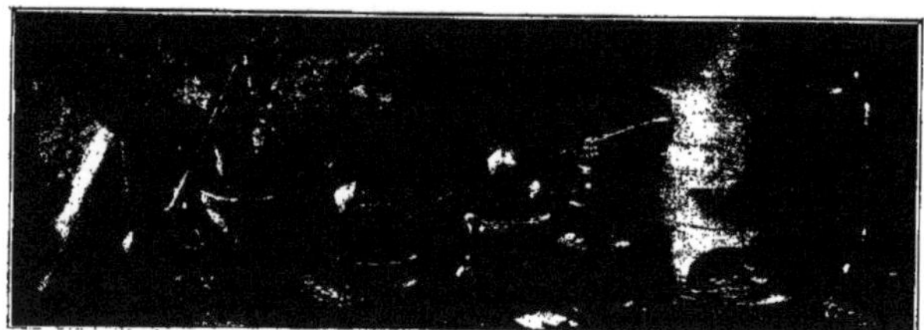

ENSEIGNE DE PHARMACIEN (collection de M. V. Klotz).

de libres hachures par un vieillard de soixante-treize ans domptant ses infirmités et aussi sûr de ses yeux et de sa main qu'un jeune homme.

Il a passé, pour déférer au désir de son père, par la corporation professionnelle dite académie de Saint-Luc. Peu à peu les honneurs et les avantages se sont accordés à ses mérites. Le voici membre de l'académie royale, trésorier de la Compagnie, tapissier et ordonnateur du Salon en remplacement de Portail, membre associé de l'académie de Rouen, conseiller du roi, gratifié de pensions, logé aux galeries du Louvre [1]. Au vrai, nulle vanité ne

[1] Chardin a été agréé et reçu à l'académie le 25 septembre 1728. Il a obtenu un logement au Louvre en 1757. Trésorier de l'académie depuis le 22 mars 1752, on le délègue le 27 juillet 1761, à l'arrangement du Salon et il conservera ces deux fonctions jusqu'en 1774. Son zèle pour le placement des tableaux s'atteste, ainsi que son désintéressement, dans ce passage d'une lettre du 11 février 1763 où Cochin, secrétaire perpétuel, sollicite pour lui, du marquis de Marigny, une pension d'indemnité : « M. Chardin ne forme aucune demande à ce sujet et remplit son devoir avec autant de plaisir que s'il y avait quelque récompense attachée. Il paraît même singulièrement sensible et inquiet jusqu'à l'excès à chaque fois de sçavoir si vous avés été satisfait. Mais je crois devoir y penser pour lui et vous faire cet exposé à son insu, d'autant plus que je vois que cela lui dérobe

l'effleure. Toujours il restera le même homme droit, indépendant, la tête parfois assez près du bonnet, mais parfaitement bon. Son meilleur ami, c'est sa femme. Elle rôde autour de lui quand il peint; elle a l'œil à toutes ses affaires; elle tient ses comptes; elle l'aide en sa tâche d'organisateur des expositions, dont le minutieux accomplissement lui est un grand souci. De temps en temps, un parent, un camarade, un confrère, un jeune peintre frappe à la porte de l'atelier. Le maître n'a jamais qu'un tableau en train, auquel il revient sans cesse jusqu'à ce qu'il y pense avoir mis sa marque; mais il n'aime pas à peindre devant ses visiteurs et il s'interrompt un moment pour causer avec eux d'abondance. A qui le complimente, il répond en homme qui se connaît et ne se surfait point : « La peinture est une île dont j'ai côtoyé les bords. » Le travail lui est rude. Écoutons-le dire aux élèves qui le consultent : « Celui qui n'a pas senti la difficulté de l'art ne fait rien qui vaille; celui qui l'a sentie trop tôt, comme mon fils, ne fait rien du tout. » Son fils a été la grande douleur de sa carrière. Lauréat du prix de Rome en 1754, il n'est parvenu qu'à perdre ses peines, flottant misérablement entre l'imitation des Italiens et le pastiche du genre paternel. Dans une des lettres de Natoire, au cours de sa direction de notre académie romaine, je relève, à son sujet, ces lignes attristantes : « Chardin fait voir, dans ses ouvrages, qu'il est bien embarrassé pour en venir à bout. Tout ce qu'il fait ne paraît qu'une ébauche fatiguée et peu agréable [1]. » Pourquoi le malheu-

beaucoup plus de temps qu'il n'en coûtait à M. Portail, qui, après avoir employé quelques jours nécessaires pour l'arrangement général, était à l'abri de toute persécution et se réfugiait à Versailles, au lieu que M. Chardin est obligé de s'occuper continuellement de cette affaire pendant tout le temps du Salon. » (*Archives nationales*, 0'1923). L'élection de Chardin comme membre associé de l'académie de Rouen, en remplacement de Michel-Ange Slodtz, est de la fin de janvier 1765 (*Archives de l'académie de Rouen :* Lettre de candidature et lettre de remerciement de l'artiste). Voici, enfin, la liste des pensions dont a joui le maître : 1752 — 500 livres (*Archives nationales*, 0'1195); 5 mars 1763 — 200 livres « en considération des soins et peines qu'il prend lors de l'exposition des tableaux au Louvre (*ibid.*, 0'1110) ; 29 mars 1768 — 300 livres prises sur la pension de Restout, décédé (*ibid.*, 0'1117) ; 26 juillet 1770 — augmentation de 400 livres prises sur la pension de Boucher (*ibid.*, 0'1121). En tout, 1 400 livres.

[1] Dans une autre lettre, Natoire dit que Chardin fils « manifeste très peu ce qu'il fait » et qu'il ne participe pas aux envois des élèves (16 octobre 1761, *Archives nationales* : 0'1908). Cochin le déclare, d'autre part, une « tête mal organisée », un « raisonneur fort peu raisonnable », mais convient qu'il avait « une couleur assez harmonieuse et de l'intelligence pour les effets ». Il ajoute « qu'il est resté peu de tableaux de lui parce que, ne pouvant jamais se satisfaire, il n'en a achevé presque aucun (Lettre à Haillet de Couronne). Son père a demandé pour lui, en septembre 1761, une prolongation de séjour à Rome, qui a été refusée (*Archives nationales*, 0'1108). Chardin fils, conduit à Venise par le marquis de Paulmy, lors de son ambassade et sur la recommandation de Doyen, y est resté longtemps. On croit qu'il s'y est noyé dans un canal. Cette mort, au dire de Cochin, affligea d'autant plus le vieux maître « qu'elle avait l'air d'un suicide » (document précité). Notons que quelques-uns révoquent en doute la fin de Chardin le jeune, en Italie. D'après eux, il serait revenu mourir en France.

reux a-t-il été peintre et non menuisier comme son grand-père et comme Juste Chardin son oncle, ou marchand mercier comme son autre oncle Noël-Sébastien ?...

II

NATURES MORTES ET ANIMAUX

Les jeunes peintres, au commencement du XVIIIe siècle n'ont qu'un moyen de se faire connaître : envoyer leurs tableaux à l'exposition de la place Dauphine, le dimanche après la Fête-Dieu. Autour d'un beau reposoir, tout de fleurs et de feuillages, les toiles sont offertes, jusqu'à la tombée du soir, au regard des amateurs. Comme la plupart de ses confrères, c'est à la place Dauphine que Chardin s'est révélé, mais nul ne l'a fait de telle force. En 1726, il expose une nature morte imitant un bas-relief en bronze, morceau presque puissant, acquis à la première heure par Jean-Baptiste Van Loo et à plus haut prix qu'on ne demande. Mais quel étonnement, l'année d'après, à voir l'artiste à peine connu s'égaler aux meilleurs Flamands ! On s'amasse, en particulier, devant son tableau de la *Raie ouverte*, à présent au Louvre. Qu'admirer le plus de cette raie blanche, grise, rosée, irisée, aux chairs pulpeuses, suspendue au-dessus d'une table de cuisine, de ce chat ronronnant parmi des huîtres et des poissons et de ce coin de nappe blanche où s'arrondit un grand pot de terre vernissé, où se dresse une bouteille de grès, où reluisent le cuivre d'un vieux chaudron, d'une écumoire et d'un bassin et le fer d'un gros couteau? Il faut tout prendre à la fois, car ce pêle-mêle de choses, traduites en une peinture nourrie, serrée, solide, accusant les reliefs, précisant les substances, s'enveloppe comme d'un seul coup de la chaude harmonie. Chardin est très entouré : « Songez à vous présenter à l'académie, lui dit-on. » Il répond : « Vous vous moquez. » Là-dessus de longs mois s'écoulent. Ses amis insistent toujours. En 1728, il finit par leur céder, mais, de même qu'il s'est souvenu de l'exemple de Watteau en peignant l'enseigne du chirurgien, il recourt à la ruse du peintre de *Pierrot* pour se proposer aux suffrages des académiciens en s'effaçant le plus possible. Une quinzaine de ses toiles sont alignées par lui dans le vestibule de la salle des séances, sans signature, sans la moindre indication. Selon que les membres de l'illustre compagnie auront jugé, en passant, ces œuvres anonymes, l'artiste maintiendra sa candidature ou la retirera.

Ici se place l'amusante scène rapportée à l'honneur de Chardin, dans *le Nécrologe de* 1780, au lendemain de sa mort. Largillière, grand théoricien de la couleur[1], s'arrête le premier à considérer cette série de morceaux superbes et dit à Jean-Siméon : « Vous avez là de très beaux tableaux. Ils sont assurément de quelque bon peintre flamand et c'est une excellente école, pour le coloris, que celle de Flandre. Maintenant, voyons vos ouvrages. » — « Monsieur, vous venez de les voir. » — « Quoi, ces tableaux qui... ? » — « Oui, Monsieur. » — « Oh ! fait Largillière, présentez-vous. » Jacques Cazes, à son tour ne contient pas sa surprise. Chaque académicien qui arrive en fait autant. Tout le monde parle à la fois. On se récrie d'aise devant ces morceaux qualifiés de « flamands » et, pourtant, de particularité si française ! — Oui, quel que soit l'auteur de cette *Raie ouverte*, c'est un chef-d'œuvre d'exécution. Mais c'est un chef-d'œuvre aussi que ces *Fruits sur une table de pierre avec des animaux !* Combien réjouissantes ces pyramides de pêches dorées et duveteuses, de poires vertes au derme lisse piqueté de brun, de prunes violettes et luisantes ! Quelles sont appétissantes, ces huîtres rangées dans une assiette, humides, salines, accompagnées d'un citron juteux ! Verres et carafes sont là. Les bouteilles même nous attendent dans le seau à rafraîchir. Prenez garde à ce pot d'argent : il est de bon poids et de bon travail. Le perroquet jacasse, au fond, perché sur un grand vase. L'épagneul familier, tout en avant, lève la tête, agite la queue. Voilà de la besogne de maître peintre.

Alors Chardin, au comble de la joie, s'adresse à Louis de Boullongne le jeune, premier peintre du roi et directeur de l'académie : « Monsieur, tous ces tableaux sont à moi. Il ne tient qu'à l'académie de garder ceux dont elle est le plus contente. » Et Boullongne, coutumier de tutoyer tout le monde : « Il n'est pas encore agréé et déjà il parle d'être reçu ! C'est égal, tu as bien fait de m'en parler. » L'assemblée saisit la balle au bond. Elle choisit la *Raie ouverte* et les *Fruits sur une table*, demeurés au Louvre, et Chardin, âgé de vingt-neuf ans, est agréé et reçu à la même heure. Seulement, tout académicien qu'il est, il enverra encore des œuvres, en 1734, à la petite exposition de la place Dauphine, comme pour encourager les inconnus. Bien mieux, on y

[1] Cf. le Mémoire où son élève Oudry a condensé tout son enseignement.

saluera les premiers tableaux à personnages qu'il lui ait convenu de montrer, hors l'enseigne du chirurgien : à savoir, des *Jeux d'enfants* et la *Jeune femme s'apprêtant à cacheter une lettre*. C'est vraiment le même artiste bonhomme et désintéressé qui a demandé à Van Loo un prix dérisoire, qui échan-

LE JEU DE L'OIE

gera l'un de ses meilleurs tableaux qui plait au graveur Le Bas contre une veste qui lui plait et qui, l'année de sa mort, offrira son dernier morceau d'exposition, le pastel du *Jaquet* ou *Petit laquais* du Salon de 1779, à Madame Victoire, pour remercier cette princesse de l'avoir désiré.

Je ne crains pas d'insister sur ses natures mortes. La peinture des objets inanimés où il est, d'abord, passé maître, tient la plus grande place en sa production, et porte en soi l'irréfutable témoignage de son besoin de peindre d'après tout ce qu'il a sous les yeux. Rien n'est à sa portée qu'il ne le veuille

3

rendre dans sa matière, sa masse, sa particularité, son expression complète. D'un chaudron de cuivre jaune à une pièce d'argenterie, d'un verre à un pot de faïence, d'une fleur de tubéreuse à un oignon vulgaire, d'un fruit à un morceau de viande rouge, d'un poisson à un gibier, son attention toujours en

DAME CACHETANT UNE LETTRE

éveil s'ingénie à dégager et à fixer le caractère spécial, comme unique, de chaque manifestation. Persuadé que le plus humble ustensile a ses signes personnels, il s'intéresse et sait nous intéresser même à un égrugeoir à manche de bois, à un couteau de cuisine, à une pipe et à son étui. Pas une de ses natures mortes qui ne soit un portrait. Aussi, que de recherches trahit sa facture, large, noble, puissante, mais laborieuse ! « Le travail, répète-t-il sans cesse, au rapport de Mariette, me coûte infiniment. » Berch nous le montre,

La toilette du matin

dans sa lettre au comte de Tessin, s'excusant presque de sa lenteur. Son inquiète sincérité le dérobe aux ordinaires pratiques d'école. Ses tons se juxtaposent ou s'emmêlent en libres empâtements ; ses touches se heurtent, se hachent parfois. Mariette a raison de prétendre que sa peinture, si vraie, si harmonieusement équilibrée à trois pas de recul, ressemble, en certains cas, vue de près « à une broderie à points carrés ».

L'INSTANT DE LA MÉDITATION (portrait de Mme Lenoir).

Par ce talent de faire parler ses œuvres à distance, juste au degré qu'il faut, Chardin a pu, sans vraies aptitudes décoratives, s'associer dignement à quelques décorations d'intérieur. Ses trois dessus de portes, exécutés pour le château de Choisy, les *Attributs des sciences, de la musique et des arts du dessin*, devaient être, en leur lieu, d'un bel effet. Les deux derniers, dès longtemps entrés au Louvre, attestent que, même en des panneaux commandés, sur programme — et le programme, ici, paraît avoir été donné par Cochin — le maître ne sacrifiait rien de ses méthodes[1]. Une statuette de femme assise,

[1] Je crois devoir transcrire en son entier une très intéressante lettre du secrétaire perpétuel

J.-B.-S. Chardin *pinx.*

LE BÉNÉDICITÉ (musée du Louvre).

L'ANTIQUAIRE

une équerre, des médailles, une boîte à couleurs, une palette et des brosses. un vase, des livres à consulter rassemblés sur une console : voilà pour lui,

Cochin au marquis de Marigny, en date du 25 octobre 1724 et relative aux peintures du château de Choisy :

« Monsieur, les secondes idées sont quelquefois les meilleures. En laissant subsister le projet de quatre dessus de portes en sujets d'histoire dans le salon des jeux du château de Choisy, je reviens

LE PEINTRE

le trophée des arts plastiques. Un groupement pittoresque d'instruments de musique, de cahiers d'airs et de symphonies : voilà le trophée musical. Je

sur les idées que j'ay eu l'honneur de vous proposer pour les cinq dessus de portes des deux pièces qui précèdent ce salon. — Je persiste toujours dans l'idée d'en avoir quelques-unes de M. Vernet dans une des deux pièces ; mais j'ay l'honneur de vous proposer de confier l'autre à Chardin. Vous ne peux ranger ces ouvrages au nombre de ses plus touchants, mais encore sont-ils marqués au sceau de sa maîtrise et d'une impression caractéristique. Dans le second, par exemple, le musicien remarque une mandoline, un violon, une flûte, une trompette, une trompe; le peintre a su le mieux du monde ajuster cette diversité reluisante. Quel est, cependant, son secret pour produire la sobre et enveloppante harmonie qui lui est propre ? Le bon Cochin croit l'avoir découvert et nous le glisse à l'oreille, charitablement : « Ayez, nous dit-il, de la laque, de la terre de Cologne, des cendres d'outremer et du still de grain d'Angleterre. Faites votre tableau exactement et revenez, ensuite, avec ces teintes, pour tout accorder. » Innocent Cochin qui ne s'aperçoit que c'est là ne rien dire !... Que ne se souvient-il de ce mot de l'artiste, rapporté par lui-même : « *On se sert de couleurs, on peint avec le sentiment !* »

Dès sa jeunesse, Chardin a mêlé quelques animaux vivants à ses natures mortes : des chiens, des chats, des perroquets. Malheureusement il ne saurait se passer en travaillant, de l'immobilité de ses modèles et ses animaux sont souvent d'aspect un peu figé. On cite volontiers ses deux singes du Louvre. Au point de vue de la peinture, il est permis de juger ces deux toiles humoristiques assez secondaires. Au point de vue de l'intention, il n'est pas défendu, par contre, d'y voir se refléter l'esprit du maître, précis et sérieux jusque dans la fantaisie. Le *Singe antiquaire*, en longue houppelande, un tabouret chargé de livres auprès de lui, étudie minutieusement des médailles à la loupe. Tout ce qu'il a de force attentive se concentre pour cet examen. Si Chardin a voulu se moquer des collectionneurs ridicules, le singe savant qu'il nous présente est, au moins, un consciencieux numismate, et fort en garde contre les faussaires. Pareillement honnête, également convaincu est son *Singe peintre*, en tricorne à plumes, en habit brun-rouge, se donnant

savés à quel degré d'illusion et de beauté il porte l'imitation des choses qu'il entreprend et qu'il peut faire d'après nature. On pourrait donc placer ses talens en lui proposant de faire deux ou trois de ces tableaux. Dans l'un il groupperait plusieurs attributs des sciences, comme globes, machines pneumatiques, microscopes, télescopes, graphomètres, etc. Dans l'autre, il réunirait les attributs des arts, le compas, l'équerre, la règle, des rouleaux de dessins et d'estampes, la palette et les pinceaux, le maillet, les divers outils de la statuaire, etc. Si c'était dans la pièce où il est besoin de trois tableaux, on mettrait dans le troisième les attributs de la musique, divers instruments à cordes et à vent, des livres notés, etc. — Je crois que ces tableaux plairaient beaucoup par cette vérité qui séduit tout le monde et par cet art de la rendre qui fait que M. Chardin est considéré des artistes comme le plus grand peintre dans ce genre qu'on ait jamais connu. Au reste, ces tableaux ne seraient que de 800 livres chacun. — Je suis avec un profond respect, Monsieur, votre très humble et très obéissant serviteur. — Signé : COCHIN. » (*Archives nationales*, 0¹ 1909.)

tablature à copier, d'après le plâtre, une figure d'enfant. Rappelons-nous l'esquisse où François Boucher nous fait voir un peintre vêtu de rouge, brossant un paysage dans l'intérieur de son atelier. Le macaque au museau noir de Chardin inflige une leçon de probité esthétique au paysagiste de Boucher et à bien des artistes du xvııı^e siècle. A d'autres les éclats de rire en fusées, la raillerie du peintre bourgeois est un sourire de bon sens.

III

TABLEAUX DE MŒURS

Aussi bien s'élève-t-il au-dessus de tous dès qu'il aborde les menus faits de la vie coutumière. Grand peintre et petit bourgeois, il traduit les petits bourgeois en grand peintre et nous verse en leur intimité. Pas un Flamand, pas un Hollandais n'a mieux senti, ni plus significativement exprimé, comme sans y penser, la commune existence. Mais impossible de le confondre avec un étranger. C'est exclusivement à la bourgeoisie de France qu'il se consacre et il la voit de l'œil le plus sain et le plus français. — Or, ceci m'amène à préciser en quelques traits les façons de vivre du Tiers État, de ce troisième ordre de la nation qui est le milieu de Chardin et qui, sortant de l'ombre par degré, sera, demain, la nation même.

A l'humble bourgeoisie appartient, au xvııı^e siècle, à peu près tout ce qui travaille, qui produit et qui raisonne : les hommes des professions libérales, les savants, les lettrés, les légistes, les économistes, les dignitaires des corporations, des orfèvres comme Rœttiers, l'ami de Chardin, des fondeurs comme Fauconnier, l'ami de Prudhon, des horlogers comme Caron, le père de Beaumarchais, des graveurs comme Wille, le confident de Greuze et comme Phlipon, le père de Mme Roland. Classe active, classe industrieuse, pratiquement instruite, avide d'apprendre, entretenue du gain de ses métiers et de ses arts, en laquelle se continue, à n'en pas douter, la forte tradition bourgeoise du moyen âge ! Classe affermie en l'égalité de ses humeurs, la régularité de ses mœurs, l'assiduité de ses labeurs ! Le chef de famille vaque tout le jour à ses occupations professionnelles, sans bruit, sans vanité. Du gouvernement de la maison et de la première éducation des enfants, il se repose entièrement sur sa digne femme. On se lève tôt, chez les petits bourgeois, et l'on se couche médiocrement tard. A sept heures du matin, tous se trouvent réunis pour le déjeuner, autour de la table très frugale. Vers une heure et demie, le dîner coupe la journée d'un moment d'heureuse détente, et le soir, à huit heures,

LA BLANCHISSEUSE

après le souper, on s'égaye à deviser, on fait une lecture à voix haute, on se divertit à jouer aux cartes ou même au vénérable jeu de l'oie. La mère habille et déshabille ses marmots elle-même, les mène au catéchisme de la paroisse jusqu'à la première communion, fait partir son fils pour l'école, initie sa fille aux secrets du ménage, lui enseigne à coudre et à broder et surveille les leçons qu'on lui donne. De bonne heure un garçon entre en apprentissage, car il convient qu'il puisse, à bref délai, suffire à ses besoins ; mais gardons de penser qu'on lui étrécisse l'intelligence par un enseignement vaille que vaille et tout sec. L'apprentissage est la suite de l'éducation. La plus simple bourgeoisie se fait un honneur de sa culture intellectuelle et le respect

LE GARÇON CABARETIER

profond qu'elle a des coutumes se tempère, à l'égard des idées et des personnes, d'une certaine liberté de jugement.

Lorsque les filles se marient, elles apportent à qui les épouse une dot inestimable d'ordre, de savoir-faire, d'honnêteté tendre et gracieuse et, aussi, de talents aimables. Elles s'entendent à tailler et façonner leurs robes, mais elles savent, également, s'en parer en perfection. Elles ne rougissent pas, à l'occasion, de descendre chez la fruitière, de battre l'omelette, de savonner du linge, mais elles n'en ont pas moins de délicatesse à penser et, parfois, d'élégance à dire. Allez le dimanche aux Tuileries, après les offices, vous y verrez les jolies bourgeoises en beaux atours et plus d'une, assurément, charmera vos yeux. Faites-vous inviter, s'il se peut, chez un vrai bourgeois de race, un soir de fête de famille ou de joyeuse assemblée : vous y remarquerez l'aisance des jeunes femmes et des jeunes filles à porter galamment le corps de robe, ample par le bas, juste à la taille, achevée en traîne ornée de rubans. Cette société patriarcale se plaît à célébrer par des repas et des réunions intimes les fêtes du père et de la mère, l'anniversaire du mariage, le renouvellement de l'année, le jour des Rois, le carnaval. Bons prétextes à s'ajuster, à se distraire, à chanter, à danser, à se prouver à soi-même « que la vie est plus douce qu'on n'imagine ». Pour les fêtes des parents, les enfants se sont préparés longtemps à l'avance : ils ont à leur offrir un dessin, une broderie, quelque ouvrage de leur main, et ils en recevront, par retour, des présents utiles. Tout est sérieux, même le plaisir, en cette race sérieuse. Le lendemain de la « dissipation » la fillette accrochera sans regret sa belle toilette dans la grande armoire aux vêtements et, gaiement, elle reprendra son fourreau uni, son béguin, sa vie tranquille et ses devoirs. Et c'est bien là, certes, en sa pure essence, le monde où est né Chardin et qu'il peint d'un art supérieur, par ses meilleurs côtés : les côtés ingénus et graves [1].

Aucun peintre ne se peut citer qui soit plus foncièrement « le peintre domestique ». Toutes les vertus de sa condition sont en lui : l'exacte probité, la modération des désirs, l'amour du foyer, la saine sensibilité du cœur. Il n'est pas assez loin du populaire pour n'avoir rien gardé de sa simplesse ; il n'est pas assez près de l'aristocratie pour en acquérir le trop subtil raffinement. On sait des hommes de cour au nombre de ses admirateurs. — Tels le comte de Tessin, le comte du Luc, M. de Saint-Florentin, et le comte de Vence ; pas un ne figure au rang de ses amis. Homme, il se cantonne dans son milieu ; peintre, il ne prend guère de sujets hors de son entourage. Si ses confrères vouent leurs pinceaux à une mythologie de boudoir, à un catholicisme de théâtre, lui les regarde avec cet air de « malice rustique » noté par Diderot et leur rend justice selon leur talent ; mais, pour sa part, il s'arrange

[1] Tous les traits de mœurs qu'on vient de voir sont empruntés à des documents du XVIIIe siècle.

uniquement de la vie courante. Son œuvre a pour centre la famille et pour cadre la maison. Il aime ses proches, ses camarades, ses égaux, sa dignité pour laquelle il est, à certains moments, ombrageux jusqu'à se montrer susceptible, et sa tranquillité casanière. En sa peinture parlent ses sentiments

LA FONTAINE

et ses pensées. Un tableau comme la *Convalescente* de la galerie Lichstenstein, de Vienne, ne révèle-t-il pas en son expression tendre, l'âme du brave homme qui fut l'époux garde-malade de la pauvre Marguerite Sainctard? Lorsqu'on le voit se complaire à des épisodes de maternité bourgeoise ou à des portraits d'enfants comme les portraits du fils de M. Lenoir, marchand, du fils de M. Godefroy, joaillier, et d'une petite fille de M. Mahon, autre marchand, comment ne pas se souvenir qu'il est père? Tantôt il nous conduit chez le petit bourgeois presque pauvre, tantôt chez le bourgeois aisé : la même huma-

J.-B.-S. Chardin *pinx.*

La mère laborieuse (musée du Louvre).

Les amusements de la vie privée

nité s'y peut reconnaître ; la même sympathie l'y retient. A cet égard, deux de ses toiles du Louvre — la *Mère laborieuse* et le *Bénédicité* — nous renseignent.

La *Mère laborieuse* nous met en présence d'une jeune femme assise devant son dévidoir et qui fait voir à sa fillette un morceau de tapisserie terminé. Aux pieds de la brodeuse traînent son panier à laines et sa pelote d'aiguilles; son carlin jappe, un peu plus loin, sur le parquet; une belle bougie de cire garnit un flambeau, au coin de la cheminée, et tout ce que l'on entrevoit de ce salon simple aux boiseries blanches, fait un fond de relative élégance à de vieilles et droites mœurs. C'est un tableau blanc, gris et rose, plein de grâce et de gravité. Dans le *Bénédicité*, plus de trace de luxe : une chambre nue,

DAME PRENANT SON THÉ

des murs unis, une tablette clouée supportant des bouteilles et de grossiers ustensiles, mais les mœurs, droites et vieilles, s'accommodent à l'humble milieu. Le trait a changé, le décor est différent, l'esprit est toujours le même. Près de la table ronde, couverte de linge blanc où fume la soupière du repas, la mère, debout, s'arrête en servant ses petites filles pour leur faire dire une prière. L'aînée, attablée comme une grande personne, joint les mains et murmure la pieuse formule d'un air de componction. La plus jeune, vêtue encore de la robe du premier âge, assise sur une chaise basse, est toute pénétrée, aussi, de la sainteté de son acte. Au dossier de la chaise elle a suspendu

LA POURVOYEUSE.

un tambour et l'une des baguettes gît à terre avec lesquelles, tout à l'heure, elle faisait bruit. La scène est charmante. Chardin excelle à ces œuvres d'intimité directement saisie, rendue d'original. Seulement, je le répète, sa force est en ceci qu'il reste fidèle à son petit monde et ne peint rien qu'il ne connaisse parfaitement et n'ait profondément senti.

En fait, la vue des tableaux où le maître a concentré son goût familial laisse en nous une impression à part. Il y a là bien autre chose que des scènes

LA BONNE ÉDUCATION

de genre, plus ou moins agréables : il y a, sans même que le peintre tout entier à l'amour du réel, ait eu la moindre velléité de philosophie, une irrécusable indication sociale. Ces mères habillant leurs enfants, les instruisant, les encourageant, les gourmandant, présidant à leurs gaîtés, leur enseignant la vie avec fermeté et douceur; ces enfants, au travail ou au jeu, pliés à réfléchir en tout ce qu'ils font, évoquent pour nous, en quelque sorte, la première éducation du tiers état. Un critique du temps, l'auteur de la *Lettre à M. de Poiresson-Chamarande, lieutenant général, au sujet des tableaux exposés en* 1741, a écrit sur les toiles de Chardin ces paroles remarquables, soulignées à

LA DAME VARIANT SES AMUSEMENTS

bon titre par les frères de Goncourt : « Il ne vient pas une femme du Tiers qui ne croie que c'est là une idée de sa figure, qui n'y voie son train domestique, ses manières, ses occupations journalières, sa morale, son ameublement, sa garde-robe. » J'estime qu'on doit prendre ce jugement au plus grand sérieux et dans une acception plus large encore que ne prévoyait l'anonyme écrivain. L'art de Chardin tire une haute portée de sa vérité même.

D'ailleurs, l'expression du grand côté moral de la classe bourgeoise ne nuit point au détail pittoresque. L'admirable peintre de natures mortes ne s'abdique jamais et, dans chacune de ses compositions, il donne aux accessoires la place et l'importance qu'il faut. Son plaisir à les rendre est principalement visible en ses scènes de ménage, *la pourvoyeuse, la ratisseuse de navets, la jeune fille lavant son linge, la femme faisant couler de l'eau à une fontaine de grès*... Néanmoins, sous aucun prétexte, la nature morte ne déborde. Un tableau à figures est, invariablement, pour Chardin, un tableau de mœurs. Je prends à témoin de ce mode de concevoir l'ordonnance de *la pourvoyeuse*. Une cuisinière revient du marché. Elle rapporte un gigot dans une serviette et, près du buffet, chargé d'un pain bis et de denrées usuelles, elle se détourne pour répondre à quelqu'un hors du champ de la toile. Le milieu se caractérise au naturel; mais le personnage domine tout. Entre parenthèses, il arrive qu'on devine, aux tableaux du maître, sous les dehors de la ménagère, une maîtresse de maison ou sa fille en tablier de travail, en cornette du matin, les manches retroussées. N'est-ce pas le cas de se rappeler ce passage si curieusement typique des *mémoires* de Mme Roland? « Le mélange d'études graves, d'exercices agréables et de soins domestiques ordonnés, assaisonnés par la sagesse de ma mère, m'a rendue propre à tout... Je ne suis déplacée nulle part. *Je saurais faire ma soupe aussi exactement que Philopœmen coupait du bois*... » Voilà qui est bien de la bourgeoisie de XVIIIe siècle.

Une singularité de l'artiste, c'est sa naïve préoccupation de spécifier par le menu ce qu'il a voulu faire. Parce qu'il a pour but, en peignant des figures, de fixer une action familière avec l'état d'esprit qu'elle comporte, il croit devoir formuler étroitement son thème dans le titre même de son tableau. Je parcours la liste de ses ouvrages envoyés au Salon et qualifiés par lui-même aux catalogues. Tout sujet s'y souligne expressément : « Une ouvrière en tapisserie *qui choisit de la laine dans son panier*; — Un garçon cabaretier *qui nettoie son broc*; — Une jeune femme *occupée à cacheter une lettre*; — Le fils de M. Godefroy, joaillier, *appliqué à voir tourner un toton*; — Le fils de M. Lenoir *s'amusant à faire des châteaux de cartes*; — *L'amusement frivole d'un jeune*

J.-B.-S. Chardin *pinx.*

NATURE MORTE (appartient à M. A. Lévy).

homme qui fait des bouteilles de savon, » etc., etc. On sent qu'il a toujours peur d'être uniquement jugé sur ses qualités d'exécutant et non suivant le degré d'accomplissement de son dessein. Il sait que ses confrères de l'Académie estiment surtout en lui le bon ouvrier de peinture. L'art classique n'est pas son fait. La rêveuse poésie d'un Watteau ne le fait pas vivre, non plus, d'une vie idéale et tout intérieure. Sa pensée nette, essentiellement positive, se tient également à l'écart de l'emphase, de la sensiblerie et de l'à-peu-près. De là non seulement son besoin de s'appuyer en tout sur le réel, mais, par surcroît, son incessant désir d'être compris à la lettre.

IV

DERNIÈRES ANNÉES DE CHARDIN

Aux environs de sa soixantième année, Chardin se désintéresse, malheureusement, de l'effort de création. Sa peinture se soutient; sa couleur reste aussi franche; sa conscience à peindre ne faiblit pas. Il semble seulement qu'il se sente à bout de chemin et qu'il n'ait plus rien à dire. Est-ce un effet du bien-être auquel il s'accoutume? Se laisse-t-il aller à une complaisance excessive envers les amateurs? Désespère-t-il de trouver des sujets nouveaux? Le fait est que son esprit devient paresseux. Au lieu de se continuer, il se répète: il reproduit à plusieurs exemplaires des tableaux à succès. Ce n'est guère qu'aux natures mortes qu'il paraît se plaire, par ceci qu'elles lui coûtent moins. Encore s'y dépense-t-il sans surpasser ses anciens chefs-d'œuvre. Les critiques ne lui accordent plus que des éloges intermittents et finissent par juger qu'il vieillit. En même temps, les infirmités commencent à l'assaillir. Atteint de la maladie de la pierre, il souffre de crises de plus en plus fréquentes et douloureuses. Son caractère s'aigrit. Les moindres contrariétés l'exaspèrent. Il prend les difficultés avec emportement, soit qu'il s'agisse des devoirs de sa charge académique, soit qu'il s'arme pour les intérêts d'un ami très cher et très attaqué, comme Cochin. Nous avons déjà vu qu'en 1774, il s'est démis de ses fonctions de trésorier de l'Académie et d'ordonnateur du Salon, désormais au-dessus de ses forces et causant, surtout, trop de fatigues à sa femme. Ajoutez qu'à toutes ses tristesses se mêle sans trêve l'amer souvenir de son fils. En outre, sa situation s'embarrasse. Au mois de juillet 1778, malade, inquiet,

LES BOUTEILLES DE SAVON

morose, il adresse à l'administration une longue requête « afin que son sort soit amélioré [1] ». Cette fin d'existence se traîne en d'imprévues misères.

[1] Sur la vieillesse de Chardin. Cf. aux Archives nationales : O[1]1125, 16 août 1774. Chardin est remplacé comme trésorier de l'académie par Coustou et comme ordonnateur des Salons par Vien. — O[1]1130, 2 avril 1777. Lettre de Chardin « à propos de la démission du secrétaire de Cochin ». — O[1]1208, lettre du même « au sujet d'une dispute académique sur laquelle il témoigne sa façon de penser » à propos de la place de conseiller de l'académie accordée à Cochin et de quelques mots « lâchés par M. Pierre, directeur de l'académie ». — O[1]1924, 28 juin 1778, lettre de Chardin avec une réclamation de sa femme. Ces documents montrent au vif l'humeur à la fois aigrie et batailleuse du vieil artiste. — O[1]1209, 21 juillet 1778, lettre où Chardin sollicite « une amélioration de son sort ». Cf. encore l'*Essai sur la vie de Chardin* par Cochin, etc.

LE SOUFFLEUR (portrait du peintre Aved).

Cependant, alors qu'on peut croire la carrière du peintre irrémédiablement terminée, une belle surprise est réservée à ses admirateurs. Dès 1774, ses jambes enflées ne l'ont plus porté qu'à peine et ses doigts, vite engourdis, ont commencé à se refuser au patient labeur de la peinture à l'huile. Le plus souvent allongé sur son fauteuil, il ne vit plus que par la conversation avec ses amis, où il abonde, nous dit-on, en jugements sains, en expressions vives, en vues remarquables sur la lumière et la couleur et en boutades esthétiques comme son aphorisme : « *On se sert des couleurs ; on peint avec le sentiment.* » Mais, pour chasser l'ennui de son atelier, les entretiens ne suffisent pas. L'idée lui vient donc de s'essayer, comme La Tour, aux portraits au pastel et il jette sur le papier gris, à grands coups de crayons, une première étude de tête de grandeur naturelle. A partir de ce moment le pastel sera son occupation aux heures de répit que lui laissera son mal. Rien que des têtes, depuis la sienne et celle de sa femme jusqu'à celle du *Jaquet* ou petit laquais loué par Madame Victoire de France : mais quelles affirmations d'une maîtrise pour qui le caractère de la peinture se confond avec l'impression de la vie ! Les quatre Salons de 1771, 1775, 1777 et 1779 révèlent au public cette étonnante série de pastels. « Chardin a obtenu le plus grand succès, nous apprend Cochin, *par sa manière large et facile, du moins en apparence, car elle est le fruit de beaucoup de réflexions*... On a connu *combien il avait le sentiment du grand et ce qu'il eût pu être dans le genre de l'histoire s'il s'y était attaché.* » Un fait indéniable, c'est que jamais l'artiste n'a fait paraître autant de liberté et de fougue sûre d'elle-même. Son dessin est la mise en place des formes en pleine animation. Sa couleur vibre à distance par la vertu du mélange optique de tons et d'accents hardiment combinés et qui prêtent à l'œuvre d'art l'aspect spontané de l'être vivant. Le résultat d'un demi-siècle d'observations techniques s'est condensé en un petit nombre d'ouvrages de ce genre, nourris d'enseignement pour l'avenir. Chardin n'a plus qu'à disparaître.

Il meurt, en effet, le 6 décembre 1779, presque sans souffrance, étouffé par un accès d'hydropisie. Ses funérailles et son inhumation ont lieu, le lendemain, à Saint-Germain l'Auxerrois. Sept jours plus tard, le peintre Pierre, directeur de l'académie, déclare vacant le logis qu'il occupait au Louvre et propose de l'attribuer à Allegrain ou à Duplessis. C'est Allegrain qui en hérite. Quant à la veuve de Chardin, la bonne et dévouée Marguerite Pouget, en vain réclame-t-elle la jouissance d'une part de la pension de son mari. On lui répond sèchement que sa demande n'est pas recevable, *son mari n'ayant pas travaillé pour le roi* et que, du reste, *elle n'est pas assez malheureuse pour avoir besoin d'un secours comme veuve d'académicien.* La pension du maître est partagée entre Vernet, Van Loo et Brenet, à raison de 300 livres pour les deux premiers et 600 livres pour le troisième. Et, ces choses liquidées, la mémoire du grand Chardin entre en sommeil [1].

Mais le XIXe siècle, en qui tant de justices se sont accomplies, a fait son réveil glorieux et définitif. Il a été donné à la critique d'étudier les peintures de l'auteur de la *Raie ouverte* et du *Bénédicité*, conservées aux musées du Louvre, de Stockholm, de Saint-Pétersbourg, au château de Potsdam, à la galerie Lichstenstein de Vienne et dans toutes les grandes collections. Elles constituent la plus grande partie, et la partie capitale, de l'œuvre de Chardin. Si quelques morceaux d'importance sont égarés ou détruits, tels que le portrait de *Mme Lenoir lisant une brochure*, du salon de 1737, faussement identifié à une belle toile de la galerie Lacaze, certainement étrangère au maître, les deux portraits des salons de 1737 et 1753 où le peintre Aved était représenté en « chimiste dans son laboratoire » et en « philosophe occupé de sa lecture », le pastel de la tête de *Jaquet* du salon de 1779 et plusieurs natures mortes en camaïeu très vantées « imitant des bas-reliefs en bronze », nous possédons des éléments d'appréciation trop complets et trop sûrs pour qu'aucune erreur de jugement soit à craindre. En outre, la composition même de presque tous ses tableaux à figures perdus survit dans les estampes du temps — car les Surugue, les Lépicié, les Cochin, les Filleul, les Le Bas, les Fessart ont gravé, à bien peu d'exception près, les scènes et personnages de Chardin. Seuls, au bas de leurs planches, les titres sont dénaturés et affadés — et il n'importe [2].

Pour moi, j'ai tenté d'établir ici la portée de l'art de ce petit bourgeois, peintre admirable de la petite bourgeoisie de son époque, qui a dominé, de si

[1] Sur les faits mentionnés en ce paragraphe, Cf. aux Archives : O'1210, 12 décembre 1779, lettre de Pierre, relative à la vacance du logement de Chardin au Louvre et au partage de sa pension sauf 200 livres réservées. — O'1211, attribution de ce logement à Allegrain. Par compensation, Duplessis est nommé conseiller de l'Académie. — O'1911, observations sur la lettre de Mme Chardin du 18 décembre 1779. Entre parenthèses, il ne faut pas prendre au sens littéral l'allégation que Chardin *n'a pas travaillé pour le roi*. Ses dessus de portes des châteaux de Choisy et de Bellevue ont été des commandes régulières et payées par l'administration des Menus à raison de 800 livres par panneau. Voir plus haut la lettre de Cochin (en note). Voir aussi *Chronique des arts et de la curiosité*, juillet 1899 : *Chardin et la Direction des bâtiments*. Je trouve, également aux Archives (O'1934) un *Mémoire* du tableau de Chardin représentant « une dame assise dans un fauteuil jouant de la serinette auprès d'un serin », *fait pour le service du roi* pendant l'année 1751. Estimé 1.500 livres. Payé 1.500 livres le 3 février 1752.

[2] Le portrait de Mme Lenoir a été gravé par Lépicié sous ce titre : *l'Instant de la Méditation*. Le portrait du peintre Aved, où se dénote une évidente et révélatrice préoccupation de Rembrandt, a été gravé par le même artiste sous ce titre : *Le souffleur*. Voir plus haut la reproduction de ces gravures, p. 398 et 415.

haut et à tous égards, les peintres de mœurs au xviiie siècle, les Étienne Jeaurat et les Nicolas-Bernard Lépicié, ses imitateurs, et Greuze lui-même. Il n'a pas eu d'élèves directs. Fragonard peut bien avoir eu de ses leçons : il s'est trop écarté de sa manière, en vertu de son génie original, pour qu'on le rattache légitimement à sa tradition si bien définie. Les documents attestent seulement que Chardin a prodigué aux élèves de l'Académie des conseils excellents, principalement au point de vue pratique. Personne, autour de lui, n'a mieux senti, compris et fait comprendre les qualités de la vraie peinture substantielle et enveloppée. Certes, il a eu des défauts : il s'est trop répété et son exécution même, où Diderot signale à bon droit du « sublime technique », manque, parfois, de souplesse dans les figures. Au demeurant, qui est plus grand que lui en son temps, en son pays et en son genre? Qui a légué à l'avenir de plus beaux ouvrages et de meilleurs exemples ? Qui a plus franchement fait jaillir les significations et les noblesses de l'art de l'intimité de sa vie ? Jean-Baptiste-Siméon Chardin appartient à cette humble et forte lignée de peintres de pauvres gens qui commence, chez nous, sous Louis XIII, avec un des frères Le Nain, mais qui a des racines dans le moyen âge et dont des artistes comme François Bonvin et Théodule Ribot nous ont, de nos jours, montré la survivance. Les Flamands et les Hollandais n'ont fait, à l'occasion, que leur éclairer le chemin. Ils y ont marché à leur façon, naturellement et à la française. Et Chardin, entre tous, a cette double gloire à nos yeux d'avoir été un merveilleux artiste et un peintre de pur sens français.

L. DE FOURCAUD.

ÉVREUX, IMPRIMERIE DE CHARLES HÉRISSEY

www.ingramcontent.com/pod-product-compliance
Ingram Content Group UK Ltd.
Pitfield, Milton Keynes, MK11 3LW, UK
UKHW020445180726
13839UKWH00004B/1641

9 782329 427195